$\dfrac{L^3_m}{2268}$

LA FAMILLE

DE

RORTHAYS

NOTES GÉNÉALOGIQUES

CHARTRES
IMPRIMERIE GARNIER
Rue du Grand-Cerf, 15.

1894

LA FAMILLE

DE

RORTHAYS

NOTES GÉNÉALOGIQUES

CHARTRES
IMPRIMERIE GARNIER
Rue du Grand-Cerf, 15.

1894

LA FAMILLE

DE

RORTHAYS

LES ORIGINES

L'on trouve en Anjou, dès le XIe siècle, des seigneurs du nom de Rorthays, qualifiés de chevaliers, dont un était, en 1080, possesseur d'un fief appelé encore aujourd'hui la Rorthe, près Chemillé.

En 1190, Jean de Rorthays est témoin, avec plusieurs autres chevaliers, dans une charte d'affranchissement de Raoul de Beaumont, seigneur de Bressuire.

En 1207, Pierre de Rorthays est commandeur de l'ordre du Temple en la commanderie de la Coudraye, en Poitou.

En 1212, 1216, 1218, 1225, plusieurs seigneurs du nom de Rorthays figurent dans des actes.

En 1239, Agnès de Rorthays est abbesse de la célèbre abbaye du Ronceray, à Angers.

FILIATION SUIVIE

La filiation suivie a été dressée le 23 février 1687 par Charles d'Hozier, pour les preuves de noblesse exigées, en vue de l'admission parmi les demoiselles de Saint-Cyr, de Charlotte de Rorthays, fille de Charles II, seigneur des Touches (branche établie en Lorraine), brigadier des deux cents chevau-légers de la maison de Louis XIV.

Appuyée sur pièces originales constatant chaque degré d'ascendance et qui font partie des manuscrits de la Bibliothèque nationale, cette généalogie remonte à Guillaume Ier, chevalier, seigneur de la Durbellière, qui épousa en 1248, Marguerite, dame de la Trappe, et dont le fils Jean était, en 1294, commandeur de l'ordre militaire et hospitalier de Saint-Lazare de Jérusalem.

Le dernier des seigneurs de la Durbellière, René II, mourut en bas âge en 1592, sous la tutelle de son oncle Urbain de Rorthays, prieur de Concourson et du Puy-Notre-Dame, abbé commandataire de Beaulieu, archidiacre de Tours, conseiller du Roi, aumônier de la Reine Catherine de Médicis, qui, appelé par Henri IV, en 1592, à succéder à l'archevêché de Tours à Simon de Maillé-Brezé, son grand-oncle, refusa « par humilité, dit un manuscrit déposé aux archives de la Bibliothèque nationale, et se retira en son prieuré où il mourut après avoir donné l'exemple des plus hautes vertus, en odeur et réputation de sainteté. »

Par suite du mariage de Renée, sœur de René II, la seigneurie de la Durbellière passa avec le château, brûlé pendant la Révolution, et sur les ruines duquel on voit encore l'écusson des Rorthays, dans la famille de la Rochejaquelein.

La branche aînée disparue dans la personne de René II, la branche des seigneurs de la Rochette continua la lignée. Elle a pour auteur Jacques, VIIIe degré de la généalogie, qui épousa en 1497, Catherine Meschin, fille de Pierre Meschin, seigneur de la Rochette, et de qui descendent toutes les autres branches, existantes ou disparues.

— 6 —

Celle des seigneurs de Monbail, représentée aujourd'hui par Daniel-Armand, marquis de Monbail, remonte à André, XIe degré de la généalogie, marié en 1584 à Suzanne Robert de Lézardière.

Celles des seigneurs de Saint-Hilaire et de Marmande remontent à Calixte, XIVe degré de la généalogie, marié, 1° en 1662 à Jeanne Macé, fille de Jean Macé, seigneur de Saint-Hilaire, 2° en 1679, à Marie de Buor, et qui eut trois fils :

1° Louis-Germon, qui continua la branche de la Rochette, représentée aujourd'hui par Alfred de Rorthays, du rameau de la Savarière.

2° Jean-Baptiste Calixte, auteur de la branche des seigneurs de Saint-Hilaire, représentée aujourd'hui par Emmanuel de Rorthays.

3° René-Gilbert, auteur de la branche des seigneurs de Marmande, qui n'a plus de représentant.

LE TITRE

Il n'y a de titre de comte, ni dans la branche de la Rochette, ni dans celle de Saint-Hilaire. Il n'existait que dans la branche de Marmande dont le dernier représentant, Gilbert-Alexandre, est qualifié de comte de Marmande dans ses brevets de capitaine au régiment du Roi, 1771, lieutenant-colonel au même régiment, 1776, brigadier des armées du Roi, 1782, maréchal de camp, 1788, ainsi que dans les Almanachs royaux et États de France, les procès-verbaux des élections du Poitou pour les États-Généraux de 1789, et à l'état-major de l'armée des Princes où il commandait une division des compagnies de la noblesse du Poitou.

A la mort de Gilbert-Alexandre de Rorthays, décédé en émigration, et dont tous les enfants, nés de son mariage avec Henriette-Marie-Osmane du Chaffault, petite-nièce de l'amiral du Chaffault, avaient été massacrés avec leur mère pendant les guerres de Vendée, le titre de comte revenait à ses collatéraux les plus rapprochés dont le degré respectif de parenté avec lui est précisé dans les tableaux suivants.

BRANCHE DE LA ROCHETTE

XV. — Louis-Germond, seigneur de la Rochette, fils de Calixte.	XV. — René-Gilbert, seigneur de Marmande, fils de Calixte.
XVI. — Yves-Calixte Ier.	XVI. — Gilbert-Alexandre, comte de Marmande.
XVII. — Yves-Calixte II.	
XVIII. — Guillaume-Gabriel.	

De ce premier tableau il résulte que Louis-Germond et René-Gilbert étaient frères, Ives-Calixte Ier et Gilbert-Alexandre cousins germains, Yves-Calixte II et Gilbert-Alexandre, cousins au cinquième degré, Guillaume-Gabriel et Gilbert-Alexandre, cousins au sixième degré.

BRANCHE DE SAINT-HILAIRE

XV. — Jean-Baptiste-Calixte, seigneur de Saint-Hilaire, fils de Calixte.	XV. — René-Gilbert, seigneur de Marmande, fils de Calixte.
XVI. — Louis-Calixte.	XVI. — Gilbert-Alexandre, comte de Marmande.
XVII. — Gilbert-Jean.	
XVIII. — Jean.	

De ce second tableau il résulte que : Jean-Baptiste-Calixte et René-Gilbert étaient frères, Louis-Calixte et Gilbert-Alexandre, cousins germains, Gilbert-Jean et Gilbert-Alexandre, cousins au cinquième degré, Jean et Gilbert-Alexandre, cousins au sixième degré.

Ainsi donc, à la mort de Gilbert-Alexandre, la parenté avec lui était exactement la même pour ses deux collatéraux les plus rapprochés ;

Guillaume-Gabriel et Jean qui étaient tous les deux ses cousins au sixième degré, comme ils l'étaient entre eux au huitième. Ils étaient également qualifiés à recueillir le titre, conformément aux traditions et usages, et à défaut pour l'un ou l'autre, ou pour tous les deux de ce faire, leurs fils et petits-fils ne l'étaient pas moins.

Si du vivant du comte Guillaume-Ambroise de Rorthays de la Rochette, fils de Guillaume-Gabriel, Emmanuel de Rorthays de Saint-Hilaire, petit-fils de Jean, n'a porté que le titre de vicomte, ainsi qu'il résulte des pièces ci-dessous, il n'en était pas moins fondé à prendre, depuis, celui de comte auquel son grand-père avait le même droit que Guillaume-Gabriel, à la mort de Gilbert-Alexandre.

FILIATION SUIVIE

DES RORTHAYS DE SAINT-HILAIRE

I. — Guillaume Ier, seigneur de la Durbellière, en 1248.

II. — Guillaume II.

III. — Aymery.

IV. — Germon.

V. — Guillaume III.

VI. — Thybaud.

VII. — Jean Ier.

VIII. — Jacques, auteur de la branche de la Rochette.

IX. — Louis.

X. — Jean, Ier du nom de la branche.

XI. — Pierre.

XII. — Jean II.

XIII. — Yves.

XIV. — Calixte.

XV. — Jean-Baptiste-Calixte, auteur de la branche de Saint-Hilaire, lieutenant des vaisseaux du Roi, puis capitaine général de la capitainerie générale des garde-côtes des Sables-d'Olonne : chevalier de Saint-Louis.

XVI. — Louis-Calixte, lieutenant des vaisseaux du Roi, capitaine général de la capitainerie générale des garde-côtes de Soubise, chevalier de Saint-Louis.

XVII. — Gilbert-Jean, garde de la marine, passé aux mousquetaires du Roi en 1780.

XVIII. — Jean, d'abord garde de la marine, puis cadet dans un régiment de cavalerie au moment de la Révolution.

XIX. — Constant, qui épousa sa cousine germaine, Valérie Bouhier de l'Ecluse, fille de Robert Bouhier de l'Ecluse et de Marie-Madeleine-Julie de Rorthays, sœur de Jean, laquelle devenue veuve épousa Simon, vicomte de Pina, chevalier de Saint-Louis, ancien colonel des dragons de Conti, maréchal de camp sous la Restauration, et dont un fils du premier lit, Robert-Constant Bouhier de l'Ecluse, magistrat démissionnaire en 1830, fut représentant de la Vendée aux assemblées de 1848 et de 1849, et député des Sables-d'Olonne en 1852.

XX. — Emmanuel, qui épousa Marie-Victoire Inez de Girardin, fille de Victor de Girardin, l'un des combattants de la Pénissière en 1832, et d'Amélie d'Hillerin du Bois-Tissandeau : et qui fut préfet sous le maréchal de Mac-Mahon.

JULIE DE RORTHAYS

La succession de Gilbert-Alexandre de Rorthays, comte de Marmande, fut sous la Restauration, à l'occasion de la loi d'indemnité aux émigrés, l'objet d'un procès entre différents membres de la famille.

L'une des parties était Julie de Rorthays de Saint-Hilaire, vicomtesse de Pina, mentionnée plus haut, agissant comme légataire universelle de sa tante Elizabeth de Rorthays de Saint-Hilaire, fille de Louis Calixte, et veuve du baron Claude de Chavagnac, capitaine des vaisseaux du Roi, chevalier de Saint Louis.

Un jugement du tribunal de la Roche-sur-Yon, en date du 30 mars 1827, qui fixe très exactement les degrés de parenté entre les diverses branches, constata qu'au décès de Gilbert-Alexandre, son cousin, Yves-Calixte II de Rorthays de la Rochette était mort, tandis que sa cousine au même degré, Elizabeth de Rorthays de Saint-Hilaire était vivante.

Julie de Rorthays, légataire universelle de celle-ci, fut en conséquence reconnue comme seule fondée à bénéficier de la quote-part attribuée au dernier seigneur de Marmande dans la répartition de l'indemnité aux émigrés.

ARMES

D'argent à trois fleurs de lis de gueule, posées deux et une, à la bordure de sable chargée de dix besants d'or.

Dans son dictionnaire généalogique publié en 1768, La Chesnaye des Bois, après avoir parlé de la famille de Rorthays comme d'une des plus anciennes du Poitou, dit de ces armes « elles furent accordées à ceux de ce nom par Saint Louis pour l'avoir suivi dans son voyage en Terre-Sainte et pour autres services rendus ».

D'après une tradition rapportée par Beauchet-Filleau dans son dictionnaire historique et généalogique des familles du Poitou « ces armes auraient été concédées par Saint Louis à l'un des membres de cette famille qui à la bataille de la Massoure, arracha l'étendard de France des mains des Sarrazins : les fleurs de lis de gueule signifiaient le sang dont l'étendard était couvert, et les besants, la rançon que ce chevalier, prisonnier plus tard avec le Roi, dut payer pour sa liberté. »

ÉCRIT

DE MONSIEUR LE COMTE ET DE MADAME LA COMTESSE DE CHAMBORD

Voulant donner au vicomte de Porthays un témoignage de notre estime et de notre gratitude pour son inaltérable dévouement, nous consentons à tenir sur les fonts du baptême l'enfant dont Madame de Porthays vient d'être mère. Nous désirons que le comte et la comtesse Arthur de Bouillé nous représentent dans cette religieuse cérémonie.

Venise, le 5 mars 1864.

Henry   Marie-Thérèse

EXTRAIT DES REGISTRES DE BAPTÊME

DE LA PAROISSE DE LA BRUFFIÈRE

L'an de Notre-Seigneur mil huit cent soixante-quatre, le samedi vingt-septième jour de février, avec l'autorisation de Monseigneur Charles Colet, évêque de Luçon, en date du vingt-six du même mois, je soussigné, Pierre Charrier, curé de cette paroisse de Sainte-Radégonde de la Bruffière, ai ondoyé une fille née à la Grange, le mardi vingt-quatrième jour du même mois, du légitime mariage de M. Marie-Clément-Eugène-Emmanuel, vicomte de Rorthays, et de dame Victoire-Inez, son épouse, et le mardi vingt-septième jour du mois de septembre, j'ai suppléé aux cérémonies du baptême à cette enfant et je lui ai donné les noms de Henriette-Marie-Thérèse-Béatrice-Anne-Guillelmine-Constance-Inez. Le parrain a été Monsieur le comte de Chambord, et la marraine, madame la comtesse de Chambord, représentés par M. Philippe-Guillaume-Arthur, comte de Bouillé, et par Madame Zoé-Anne-Agathe-Charlotte de Bonchamps, comtesse de Bouillé, désignés nommément et par écrit du 5 mars, daté de Venise, par Monsieur le comte et Madame la comtesse de Chambord pour les représenter dans cette circonstance.

www.ingramcontent.com/pod-product-compliance
Lightning Source LLC
Chambersburg PA
CBHW060934050426
42453CB00010B/2011